A LA MÉMOIRE

DE

SŒUR ALFRÈDE BARNABAUD

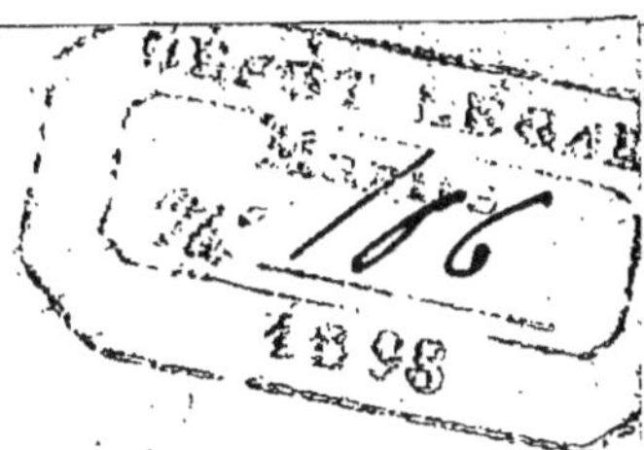

A LA MÉMOIRE

DE

SŒUR ALFRÈDE BARNABAUD

ALLOCUTION

PRONONCÉE

PAR M. LE CURÉ DE CERNAY-EN-DORMOIS

AU JOUR DES FUNÉRAILLES

DE

SŒUR ALFRÈDE BARNABAUD

LE 3 JANVIER 1898

MES FRÈRES,

Ce n'est pas un discours que je viens vous adresser à la louange de sœur Marie-Alfrède Barnabaud, religieuse de la Providence de Portieux : son humilité n'en veut pas. Je viens, comme curé de la paroisse de Cernay-en-Dormois, m'associer au Conseil municipal, au Conseil de Fabrique, à l'assemblée des fidèles, à ses sœurs en religion, à mes confrères dans le sacerdoce, pour rendre un suprême hommage de pieuse vénération et de vive reconnaissance à celle qui vous a donné 45 ans de sa vie et qui a été, pendant ce long laps de temps, une grande éducatrice, une femme de bon conseil et une parfaite religieuse.

Grande éducatrice, elle l'a été dans le sens le plus véritable et le plus complet de ce mot. Avant tout et surtout, elle a voulu façonner des âmes, former des caractères. Elle y a réussi, et beaucoup de ses élèves aujourd'hui dans le monde ou dans la vie religieuse, ont gardé l'empreinte de sa main et de son cœur.

Et il s'est trouvé qu'en suivant cette méthode elle a, du même coup, singulièrement développé les intelligences et les a élevées à un rare niveau. Les autorités préfectorales et académiques se sont plu à le reconnaître, en lui décernant les éloges les mieux mérités et les plus belles récompenses.

Après les années de l'école, elle ne se croyait pas quitte envers ses élèves ; elle continuait à les entourer de son affection et de ses bons conseils. Vous seriez peut-être fort étonnés, mes Frères, si je pouvais vous dire le nombre d'heures qu'elle a su dérober, pendant 45 ans, aux fatigues de la classe et aux exercices de la vie religieuse, pour écouter toujours avec bienveillance, ses anciennes élèves et pour correspondre avec les absentes.

On voudrait, en ce moment, avoir surpris le secret de ces conversations, avoir lu les pages de ces correspondances ; on y trouverait de quoi composer un cours complet de direction chrétienne et d'éducation sociale à l'usage de la jeune fille et de la femme ; on y trouverait les plus sages conseils, donnés avec une grande sûreté de jugement et une exquise délicatesse de cœur : le tout, émaillé de traits d'esprit et de finesses d'expressions qui rappellent, j'ose le dire, la manière et le style de saint François de Sales. — C'est par là qu'elle a été *la femme de bon conseil*.

Ce n'est pas tout. Ce portrait me direz-vous, est pourtant déjà bien beau. Cependant la figure de sœur Alfrède m'apparait encore plus grande, quand je considère en elle *la parfaite religieuse.*

L'apôtre saint Paul m'en fournit, dans ses épîtres, les linéaments divins. Dieu, en effet, avait marqué sœur Alfrède du sceau de cette prédilection qu'il a pour ses élus : il l'avait prédestinée à être conforme à l'image de son Fils, et c'est à l'école de Jésus-Christ crucifié qu'il lui apprit la science qui fait la parfaite religieuse.

Sœur Alfrède sut correspondre aux leçons divines. Elle eut ses heures de consolation et de joie, elle eut même ses heures de triomphe : mais elle eut aussi ses heures d'épreuves et de souffrances. Jésus-Christ l'aimait trop pour qu'il en fut autrement. Comme lui, elle sentit son âme envahie par les tristesses et les angoisses de l'agonie, elle goûta souvent l'amertume du calice de la Passion, elle suivit la voie royale de la croix. Comme lui, elle eut son calvaire et en gravit la montée douloureuse. Mais, comme lui aussi, elle garda le silence, elle pria, elle pardonna. Elle s'oublia pour se sacrifier ; elle le fit généreusement et jusqu'à la fin.

Et tout cela, mes Frères, parce qu'elle vous aimait, parce qu'elle aimait vos âmes. Et cette vie de sacrifice, elle l'accepta dans un corps fragile, avec une santé frêle et souvent chancelante, que Dieu ne semblait soutenir que pour augmenter ses mérites et embellir sa couronne. La modeste demeure que sa dépouille mortelle vient de quitter en a été le témoin ; et, pendant les dix années de retraite que sœur Alfrède y passa, Dieu seul connaît les bénédictions d'en haut qu'elle attira sur la paroisse par ses prières et par son immolation d'elle-même.

Grand exemple, mes Frères, admirable sacrifice, que Dieu a déjà récompensé par une sainte morte. Un grand serviteur de Dieu, le docte Suarez, a dit : « Je ne savais pas qu'il fût si doux de mourir. » Nous en avons vu la sublime et ravissante réalité. La mort paraissait imminente ; je me préparais à donner le sacrement de l'Extrême-Onction à notre vénérable mourante, quand tout à coup je la vis regarder, en souriant, ceux qui étaient là, et je l'entendis chanter ce dernier couplet d'un cantique de la Franche-Comté, son pays natal, souvenir déjà lointain, mais souvenir bien doux :

Mon âme alors s'envolera joyeuse,
J'irai chanter son amour éternel
Et recevoir la palme glorieuse ;
Oh ! pour toujours je serai dans le ciel.

Il y a neuf ans, sœur Scholastique, deux fois sa sœur par le sang et par la vocation, avait aussi, en mourant, fait entendre le même adieu à la terre.

Bénis soient les parents qui ont donné de telle servantes à Dieu ! Bénie soit la digne et dernière survivante d'une famille si distinguée par la noblesse des sentiments et par l'amour de la religion ; qu'elle soit remerciée d'avoir bien voulu venir consoler et réjouir par sa présence et par ses soins les dernières années de sa sœur bien-aimée. Merci, aussi, à la jeune et modeste compagne de sœur Alfrède, qui a su payer par une filiale affection et par un dévouement sans bornes, les trésors de bons conseils et de sainte édification qu'elle a reçus de la direction d'une si parfaite religieuse. Merci à la Congrégation de la Providence de Portieux, asile sacré, qui abrita la vocation de sœur Scholastique et de sœur Alfrède Barnabaud, et d'où sont parties ces deux grandes bienfaitrices de la paroisse de Cernay-en-Dormois.

Dieu a exaucé le pieux désir de sœur Scholastique : un même tombeau va réunir les restes mortels de sœur Alfrède aux siens. Il arrive pour elles ce qui arriva pour saint Benoist et pour sa sœur sainte Scholastique ; leurs âme n'ont eu qu'un même esprit et une même volonté en cette vie, leurs corps n'auront aussi qu'une même demeure après leur mort.

Châlons, imp. Martin frères.

CHALONS, IMPRIMERIE MARTIN FRÈRES, PLACE DE LA RÉPUBLIQUE.

www.ingramcontent.com/pod-product-compliance
Lightning Source LLC
LaVergne TN
LVHW010330230826
846091LV00009B/3802
* 9 7 8 2 0 1 9 9 1 6 4 8 0 *